구해줘 과학4
카카오프렌즈

글 장성규(장풍) 그림 **도니패밀리** 스토리 강민희

🎤 과학을 사랑하는 장풍쌤이 풍마니들에게

여러분, 안녕~ 장풍쌤이에요. 반가워요.
*풍마니*가 누구냐고요?
바로 일상생활 속에서 과학 현상에 대한 호기심을 해결하기 위해 끊임없이 연구하고
엉뚱한 상상도 마다하지 않는 여러분을 부르는 쌤만의 애칭이랍니다. 🖤

쌤이 누군지 잘 모르는 친구들을 위해 간단하게 소개를 해볼게요.
쌤은 과학을 아주 좋아하고 사랑해서 19년 동안 중·고등학생들에게 과학 강의를 하고 있어요.
어떻게 어려운 과학을 좋아하고 사랑하게 되었는지 궁금하지 않나요?

과학은 생활 속 현상들을 체계화 한 것이기 때문에 가장 재미있게 공부할 수 있는
과목이에요. 하지만 시험을 위한 공부만 하다 보면 당연히 어렵고 하기 싫을 수밖에 없죠.
그래서 쌤은 교과서에 있는 내용을 일상생활에 접목시키며 이해하고 즐겁게 공부했답니다.
어려운 과학 용어와 개념을 재미있는 스토리와 함께 접한다면 더 이상 과학이
딱딱하고 재미없게 느껴지지 않을 거예요.

3권에서 카카오프렌즈 👑와 쌤의 부캐인 *나잘나 박사*와 함께 지구 지킴이 요원이 되어
과학 개념을 공부하고 찌린 가스를 열심히 잡았죠?
아니, 그런데 와구 블랙홀의 장난으로 열심히 잡았던 찌린 가스가 모두 탈출하고 말았어요.
강해지고 빨라진 찌린 가스를 잡기 위해 더 즐겁고, 열심히 과학 개념을 공부하며
카카오프렌즈와 미션을 완료해 보아요.
과학 개념은 모두 연결되어 있다는 것 알고 있죠? 책에 나오는 과학 이론과 설명은 모두
중·고등학교 과학의 기초가 되는 내용이랍니다. 웃으며 읽다 보면 어느새 과학 지식이
한 뼘 더 자라 심화 과학까지 걱정 없을 거예요. 또, 어려운 개념은 장풍쌤만의 QR 동영상
강의를 통해 더 쉽게 이해할 수 있도록 했답니다. 어때요? 재미있을 것 같지 않나요?

즐기며 공부하는 것이 가장 효과적인 공부 방법이랍니다. 🎧
과학을 좀 더 즐길 줄 아는 우리 풍마니들을 위해 카카오프렌즈와 함께 장풍쌤이 응원할게요.
과학을 즐겨 봅시다! 이 책을 읽는 모든 풍마니들 파이팅!

사랑스러운 풍마니를 생각하며
-장풍쌤-

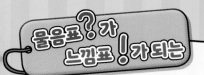

과학 교과 연계표

폭설이 내리는 이유가 있나요?	**초5-2** 날씨와 우리 생활	**중2** 재해·재난과 안전
한파가 몰려오는 이유가 지구가 뜨거워서라고요?	**초5-2** 날씨와 우리 생활	**중3** 기권과 날씨
불이 자주 나는 이유가 따로 있다고요?	**초5-2** 날씨와 생활	**중2** 재해·재난과 안전
왜 폭염이 발생하나요?	**초5-2** 날씨와 우리 생활	**중2** 재해·재난과 안전
빙하가 점점 더 녹으면 어떻게 되나요?	**초5-2** 날씨와 우리 생활	**중3** 기권과 날씨
사막에도 홍수가 난다고요?	**초5-2** 날씨와 우리 생활	**중2** 수권과 해수의 순환
오존층에 구멍이 있다고요?	**초5-2** 날씨와 우리 생활	**중3** 기권과 날씨
모기가 질병을 옮긴다고요?	**초3-1** 동물의 한살이	**중1** 생물의 다양성
땅이 갑자기 꺼진다고요?	**초3-2** 지표의 변화	**중2** 재해·재난과 안전
바다 위에 쓰레기로 만들어진 섬이 있다고요?	**초4-2** 물의 여행	**중2** 수권과 해수의 순환
거북이가 플라스틱을 먹는다고요?	**초5-2** 생물과 환경	**중2** 재해·재난과 안전

카카오프렌즈

라이언

갈기가 없는 것이 콤플렉스인 수사자

큰 덩치와 무뚝뚝한 표정으로 오해를 많이 사지만,
사실 누구보다도 여리고 섬세한
소녀감성을 지닌 반전 매력의 소유자!
원래 아프리카 둥둥섬의 왕위 계승자였으나,
자유로운 삶을 동경해 탈출!
카카오프렌즈의 든든한 조언자 역할을 맡고 있습니다.
꼬리가 길면 잡히기 때문에, 꼬리가 짧습니다.

어피치

복숭아 나무에서 탈출한 악동 복숭아

유전자 변이로 자웅동주가 된 것을 알고
복숭아 나무에서 탈출한 악동 복숭아 어피치!
섹시한 뒷태로 사람들을 매혹시키며,
성격이 매우 급하고 과격합니다.

무지&콘

토끼 옷을 입은 단무지인 무지와
정체불명 콘

호기심 많은 장난꾸러기 무지의 정체는
사실 토끼 옷을 입은 단무지!
토끼 옷을 벗으면 부끄러움을 많이 탑니다.
단무지를 키워 무지를 만든 정체불명의 악어 콘!
이제는 복숭아를 키우고 싶어
어피치를 찾아 다닙니다.

프로도&네오

부잣집 도시개 프로도와 패셔니스타 네오

프로도와 네오는 카카오프렌즈 공식 커플로
알콩달콩 깨볶는 중!
부잣집 도시개 프로도는 사실 잡종.
태생에 대한 콤플렉스가 많습니다.
자기 자신을 가장 사랑하는 새침한 고양이 네오.
쇼핑을 좋아하는 이 구역의 대표 패셔니스타입니다.
하지만 도도한 자신감의 근원이
단발머리 '가발'에서 나온다는 건 비밀!

튜브

겁 많고 마음 약한 오리 튜브

겁 많고 마음 약한 오리 튜브는
극도의 공포를 느끼면 미친 오리로 변신합니다.
작은 발이 콤플렉스이기 때문에
큰 오리발을 착용합니다.
미운 오리 새끼가 먼 친척입니다.

제이지

힙합을 사랑하는 자유로운 영혼

땅속 나라 고향에 대한 향수병이 있는
비밀요원 제이지!
사명의식이 투철하여 냉철해보이고 싶으나,
실은 어리버리합니다.
겉모습과 달리 알고보면 외로움을
많이 타는 여린 감수성의 소유자.
힙합 가수 Jay-Z의 열혈팬입니다.

출동 대작전

나잘나 박사

과학을 사랑♥하고
카카오프렌즈를 좋아하는 열정남.
지구의 갑작스런 파업으로 카카오프렌즈와 함께 지구를 구하러 출동한답니다. 진화한 찌린 가스를 잡기 위해 빨대G의 업그레이드가 필요해요. 그래서 빨대G와 둥둥호에 붙어 있던 탱탱 그물을 합쳐 빨대G의 성능을 향상시켰답니다.
오늘도 찌린 가스를 찾기 위해 카카오프렌즈와 함께 지구 이곳저곳을 다니고 있어요.

아끼는 보물	풍딱지, 빨대G
흑역사	개념콩이 나오는 비커의 발명을 실패한 것
최대 관심사	찌린 가스로부터 지구를 구하고 유명해지는 것

블랙콩

찌린 가스

지구가 일을 멈추게 만든 장본인.
우주를 떠다니다가 지구로 날아와 곳곳에서 각종 재난과 재해를 일으키며 살고 있는 가스 덩어리예요. 카카오프렌즈에게 잡혔다가 구사일생으로 다시 탈출했어요. 우주를 떠돌아다니던 중 와구 블랙홀이 뱉은 우주 물질로 블랙콩이라는 부스터를 장착해 스피드가 빨라졌답니다.
찌린 가스는 이번에도 카카오프렌즈를 피해 잘 숨을 수 있을까요?

좋아하는 것	지구 괴롭히기		
최종 목표	지구 점령		
기술력	자기 복제	위장술	
천적	빨대G		

와구 블랙홀

우주를 떠다니며 눈에 보이는 모든 것을 먹어 치우는 블랙홀.
우주의 쓰레기를 모두 먹어 깨끗한 우주를 유지시켜주는 고마운 청소부예요. 하지만 너무 배가 고픈 나머지 초대형 조명의 찌릿 건전지까지 먹어버리는 바람에 다시 도시가 어두워지고 말았어요.
과연 와구 블랙홀은 카카오프렌즈를 도와주는 친구일까요?

좋아하는 것	눈에 보이는 건 모두 먹어 버림

지구 지킴이 작전 일지

사건 재접수

찌린 가스 탈주 사건 발생

사건 개요
1. 와구 블랙홀이 둥둥호에 부딪히며 찌린 가스가 탈주함
2. 탈주한 찌린 가스가 업그레이드되고, 와구 블랙홀이 찌릿 건전지를 먹어 치우고 초대형 조명이 다시 꺼지는 바람에 혼란이 가중됨

사건 현장

대장 찌린 가스

지구 온난화 찌린 가스

작전

1. 🐽 찌린 가스 를 모아 ⚡ 찌릿 에너지 로 전환한다.
2. ⚡ 찌릿 에너지 를 원료로 🔋 찌릿 건전지 를 완성한다.
3. 🔋 찌릿 건전지 를 전송해 초대형 조명 을 켠다.
4. 대장 찌린 가스 를 잡아 지구를 더이상 괴롭히지 못하게 한다.

차례

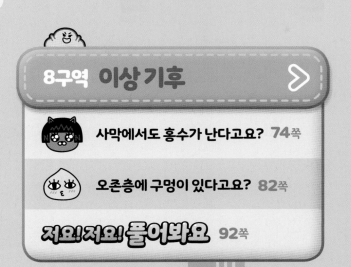

6구역

한파

 찌린 가스 감지 >>> 출동하세요!

#폭설이 내리는 이유가
있나요?

#한파가 몰려오는 이유가
지구가 뜨거워서라고요?

폭설이 내리는
이유가 있나요?

초 5-2 날씨와 우리 생활 │ 중2 재해·재난과 안전

SOS 찌린 가스 감지 폭설

6구역 7구역 8구역 9구역

한파

찌린 가스는 대체
어디로 숨었을까?

휘이이잉

휘이이잉

악!

추워~

6구역은
엄청 춥네.

덜덜

덜덜

얘들아,
밖에 눈 온다!

잠깐
나가서 놀자.

이야~

신난다!

눈사람
만들어야지.

야호!

와아~

다다다다

*폭설 시간당 1~3cm 이상 또는 하루에 5~20cm 이상의 눈이 내림

6구역 | 한파

미션 요원   무지

목표 찌린 가스   폭설

어피치, 안으로 들어가자.

후다닥

눈이 어떻게 만들어져 내리는 건지 알고 싶어요.

둥둥호를 타고 가서 직접 알아볼까?

궁금

구름 속에는 온도가 0℃ 이하로 낮은 구간이 있는데, 눈은 이 구간에 있는 얼음 알갱이에 수증기와 *과냉각 물방울이 달라붙고 무거워져서 떨어지는 거야.

수증기

얼음 알갱이

과냉각 물방울

구름 속의 얼음 알갱이가 떨어지며 녹으면 비, 녹지 않으면 눈이 되는 거지.

*과냉각 물방울   0℃ 이하의 온도에서도 얼지 않고 액체 상태로 존재하는 물방울

박사님이 찍은 새로운 영상도 보자.

그것을 알아보자

터치

폭설이 내리는 이유

태풍, 모르고 당할 것인가 알고 피할 것인가

왜 화산의 생김새는 다른가

콘은 어디 갔지?

꽁꽁

콘이 꽁꽁 얼었어.

분명 찌린 가스 짓이야.

꽁꽁

도망간다! 우리가 잡자.

폭서리 서리!!

타앗

꾹꾹

꾹꾹

눈이 안 뭉쳐져.

휙

파사삭

저기 미끄러진다!
무지, 지금이야.

으앙~

파팟!

미끌

찌린 가스 획득

폭설

찌린 가스
획득 성공!!

얘들아,
구해줘서 고마워.

박사님, 그런데 눈이 왜
잘 뭉쳐지지 않은 거죠?

갸웃

날씨가 비교적 따뜻하고
습도가 높으면 잘 뭉쳐지고
입자가 큰 함박눈이 내린단다.

하지만 춥고 건조하면 잘 뭉쳐지지 않고
입자가 작고 흩날리는 눈이 내리지.

휘이잉~

영차

영차

푹푹

눈이 많이 내리면
길도 사라지고,
피해가 정말 크네요.

지역별로 눈이 오는 원인의 차이가 있어

서해안

차가운 공기 수증기

우리나라 동쪽에는 높은 산이 많아.

동해안

습한 공기

태백산맥

동해

우리나라에서 눈이 내리는 원인은 기본적으로 비슷하지만 그 과정은 지역마다 차이가 있어.
서해안은 북서쪽에서 차가운 공기 덩어리가 내려오며 따뜻한 서해 바다를 통과해. 그때 공기 덩어리가 수증기와 만나 불안정한 상태가 되며 많은 양의 눈이 내리게 되지. 따뜻한 수온과 차가운 공기 덩어리의 온도 차이가 클수록 눈의 알갱이가 크고 양도 더 많아.

동해로부터 불어오는 수증기를 머금은 습한 공기가 육지에 도달하자마자 높은 태백산맥에 부딪혀 강제로 상승하게 돼. 그 상태에서 산맥을 넘지 못하고 오랫동안 동해안에 머무르며, 육지의 차고 건조한 공기와 만나 눈구름을 만드는 거야. 눈구름이 동해 바다의 습한 기운을 받아 무거워지면서 동해안, 울릉도, 독도 등의 지역에 많은 양의 눈이 내려.

내륙

북서쪽 차가운 고기압 영향

동해 저기압 영향

고

저

중부지방 많은 눈

북서쪽의 대륙에서 차갑고 건조한 고기압이 확장되어 내려오고, 동해안에서 따뜻하고 습한 저기압이 올라오며 우리나라 내륙 지역에서 만나.
수분을 많이 머금고 있는 저기압 공기 덩어리가 차가운 고기압 공기 덩어리 사이에 끼면서 물기가 많은 수건을 힘껏 짜듯 많은 양의 눈이 내리게 되는 거야.

공기 덩어리의 온도 차 클수록 눈이 많이 내려.

한파가 몰려오는 이유가 지구가 뜨거워서라고요?

초 5-2 날씨와 우리 생활 | 중3 기권과 날씨

SOS 찌린 가스 감지   한파

추워.

제이지는 정찰 중

엇?

찌린 가스!

꼼짝마!

탓

한파 한파.

후우욱~

SOS 찌린 가스 감지

6구역 | 한파

미션 요원 　　제이지

목표 찌린 가스 　한파

제이지가 꽁꽁 얼었어!

덜덜 덜덜

따뜻하게 해주자.

제이지, 누가 그런 거야?

한파 찌린 가스 짓이야.

오들 오들

31

한파?

한파는 겨울철에 기온이 갑자기 내려가면서 들이닥치는 추위를 말해. 차가운 공기가 물결처럼 전해지기 때문에 한파라는 이름이 붙었단다.

寒 波
찰한 물결파

이거 마셔~

그래서 6구역이 이렇게 추운 거구나.

날씨를 보자.

꾹!

파앗

북극찬공기

저지 고기압

저지 고기압

현재 우리나라에는 지구 온난화의 영향으로 북극의 찬 공기가 들어오면서 한파가 찾아왔습니다.

*저지 고기압 블로킹 고기압이라고도 하며 장기간 정체하며 동쪽으로 움직이는 저기압을 막는 고기압

겨울에 추운 건 당연한 것 아닌가?

지구가 점점 뜨거워지면서 한파가 더 심해지고 있대.

지구가 뜨거워지는 데 따뜻한게 아니고 더 춥다고?

헉!

수도관이 얼어서
터져버렸어!!

콰아악

콸콸

한파 때문에 온도가 급격하게
떨어지면 수도관이 얼어 물이 나오지
않거나 이렇게 터질 수 있어.

멘붕

빨리
막아

첨벙

첨벙

잠시 후

으휴~

이제 겨우
수습되었네.

축축

한파로 인한 피해를
예방할 수 있는
방법은 뭘까?

우리가 예방법을
영상으로 찍어서
사람들에게 알려주자!

35

 알게 된 개념

한파	겨울철 온도가 갑자기 떨어지면서 들이닥치는 추위를 말한다. 차가운 공기가 물결처럼 전해져 한파라고 이름이 붙었다. **우리나라 한파의 원인** ①지구의 평균 기온이 오르면서 북극의 빙하가 녹고 북극과 중위도 지역과의 온도차가 점점 줄어든다. ②북극의 찬바람을 막아주는 제트 기류가 약해지면서 찬바람이 내려오며 한파가 나타난다.
한파 피해 예방법	①밖에 나갈 때는 모자, 귀마개, 목도리 등 방한용품을 착용한다. ②장시간 외출할 때는 온수를 한 방울씩 흐르게 해서 수도가 어는 것을 방지한다. ③수도 계량기 내부에는 헌 옷이나 수건을 채워 계량기가 터지는 것을 막아야 한다. ④운동 전에 가벼운 스트레칭으로 굳은 관절을 풀어 다치지 않게 예방한다.

온도에 따라 한파 주의보와 한파 경보로 나뉘어

한파 주의보는 10월에서 이듬해 4월 사이의 아침 최저기온이 전날보다 10℃ 이상 내려가 3℃ 이하이고, 평년 기온보다 3℃ 낮을 것으로 예상되거나, 아침 최저기온이 -12℃ 이하로 이틀 이상 지속될 것으로 예상될 때 발령된단다.
아니면 급격한 저온 현상으로 피해가 예상될 때에도 한파 주의보가 발령되기도 해.

한파 경보는 10월에서 이듬해 4월 사이의 아침 최저기온이 전날보다 15℃ 이상 내려가 3℃ 이하이고, 평년 기온보다 3℃ 낮을 것으로 예상되거나, 아침 최저기온이 -15℃ 이하로 이틀 이상 지속될 것으로 예상될 때 발령되지.
또 급격한 저온 현상으로 광범위한 지역에서 피해가 예상될 때 한파 경보가 발령된단다.

한파 주의보

-12℃

한파 경보

-15℃

체감온도

바람이 많이 불수록 열손실이 커지고 체온이 빠르게 떨어져 우리는 실제 기온보다 더 춥게 느껴. 이렇게 주관적으로 느끼는 온도를 체감온도라고 해.

너무 추워.

난 별로 안 추워.

그래서 같은 온도라도 어떤 사람은 춥게 느끼지만, 어떤 사람은 춥지 않다고 느끼는 거란다.

한파로 인한 피해

1. 동상

매우 추운 날씨에 피부가 장시간 노출되었을 때 발생하는 질환이야. 추위에 노출되면 피부 내부의 기관을 보호하기 위해 우리 몸은 혈액의 흐름을 감소시킨단다. 그래서 피부에는 물집이 잡히고 심한 경우에는 *괴사까지 일어날 수 있지.

2. 저체온증

우리 몸의 체온이 35℃ 이하로 내려가는 상태야. 체온이 33~35℃ 사이일 경우 몸이 격렬하게 떨리기 시작하고, 29~32℃ 사이로 떨어지면 혼수상태, 호흡의 감소 같은 증상이 나타나고, 28℃ 이하로 떨어지면 혈압이 감소하면서 의식 불명 상태에 빠지게 되지.

*괴사 조직이나 세포가 부분적으로 죽는 일

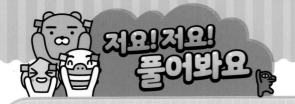
저요! 저요! 풀어봐요

① 한파에 대해 올바르게 설명한 카카오프렌즈는 누구일까요?

정답 스티커

한파 예보가 있다면 수도관이 얼 수 있으니 물을 사용하면 안 돼.

지구 온난화와 한파는 전혀 관계가 없어.

한파는 저기압 기류 때문에 발생해.

차가운 공기가 물결처럼 전해져서 한파라는 이름이 붙었어.

② 눈에 대해 틀리게 설명한 카카오프렌즈는 누구일까요?

정답 스티커

날씨가 추우면 입자가 작고 흩날리는 눈이 만들어져.

우리나라의 서해안은 산맥 때문에 눈이 많이 내리지 않아.

눈이 내리면 공기 중에 습기가 많아져 산불 방지 효과가 있어.

습도가 높을수록 더 복잡한 모양의 눈 결정이 만들어져.

③ 맞는 문장에는 ○, 틀린 문장에는 ✕를 써 보세요.

1 낮은 온도에서도 얼지 않는 물방울을 과냉각 물방울이라고 한다.

2 우리나라는 겨울철에 차가운 북극의 찬 공기가 들어오면서 한파가 찾아온다.

3 한파로 인해 동상이나 저체온증에 걸릴 수 있다.

4 한파에 대해 올바르게 설명한 카카오프렌즈와 같은 표정을 모두 찾아보세요.

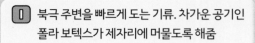

5 다음 ①~④에 해당하는 용어를 모두 찾아 ◯표 해보세요.

① 북극 주변을 빠르게 도는 기류. 차가운 공기인 폴라 보텍스가 제자리에 머물도록 해줌

② 주관적으로 느끼는 온도

③ 우리 몸의 체온이 35℃ 이하로 내려가는 상태

④ 잘 뭉쳐지고 입자가 큰 눈

저	함	체	제
체	박	감	트
온	눈	온	기
증	물	도	류

저요! 저요! 맞춰봐요

궁금증을 해결했는지 한번 확인해 볼까?

정답

① 제이지

② 네오

③ ① ◯   ② ◯   ③ ◯

④ ⑤, ⑪, ⑱

⑤ ① 제트 기류
   ② 체감온도
   ③ 저체온증
   ④ 함박눈

지구 온난화

 찌린 가스 감지 >>> 출동하세요!

#불이 자주 나는 이유가 따로 있다고요?

#왜 폭염이 발생하나요?

#빙하가 점점 더 녹으면 어떻게 되나요?

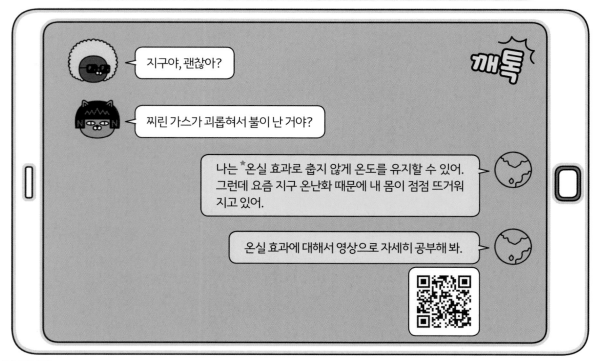

*온실 효과 대기 중의 온실 기체(수증기, 이산화 탄소 등)에 의해 지구 표면의 열이 빠져나가지 않고 갇혀 지구를 따뜻하게 유지하는 현상

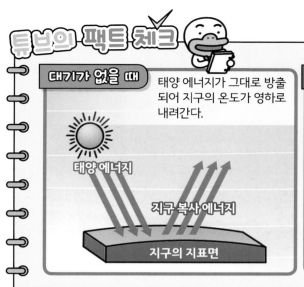

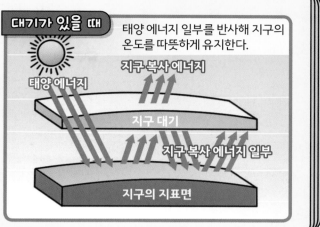

*온실 기체 태양 에너지가 지표면에 반사되어 지구 밖으로 빠져나가는 것을 막는 역할을 하는 기체(수증기, 이산화 탄소 등)

지구 온난화로 인한 피해

산불 증가

빙하 면적 감소

해수면 상승

신종 바이러스 출현

누가 누가 더 잘 그렸나 Pick

가까운 거리는 대중교통을 이용해 대기 오염을 줄이자.

실내 온도는 여름철 26℃, 겨울철 20℃로 설정해 온실 기체를 줄여야 해.

전기는 사용할 만큼만 사용하고 콘센트는 꼭 뽑아서 낭비를 줄이자.

쓰레기는 분리 배출하자.

특히 페트병은 라벨을 떼고 따로 버려야 해.

누가 포스터를 제일 잘 그렸나 너의 PICK은?

알게 된 개념

지구 온난화	지구를 따뜻하게 유지해주는 온실 효과가 커지면서 지구의 온도가 점점 높아지는 현상이다. 지구 온난화가 심해질수록 한파, 폭염, 태풍 등의 자연재해가 늘어난다.
지구 온난화 예방법	① 가까운 거리는 대중교통을 이용해 대기 오염을 줄인다. ② 실내 온도는 여름철 26℃, 겨울철 20℃로 설정해 온실 가스를 줄인다. ③ 전기는 사용할 만큼만 사용하고 콘센트를 꼭 뽑아서 낭비를 줄인다. ④ 쓰레기는 분리 배출한다. 특히 페트병은 라벨을 떼고 따로 버린다.

정의

나는 지구 온난화를 일으키는 원인이 되는 가스 형태의 물질이야. 이산화 탄소, 메탄, 아산화 질소, 수소불화 탄소, 과불화 탄소, 육불화 황 등이 나의 종류이지. 대기 중에 나의 양이 많아지면 지구에서 빠져나가는 에너지를 더 많이 흡수하고 재방출하여 지구의 온실 효과가 커지고 지구 온난화를 유발한단다.

지구를 괴롭히지 마.

배출 경로

지구 온난화에 영향을 미치는 6대 온실 가스가 있어. 우리 생활 속에서도 온실 가스는 알게 모르게 많이 배출되고 있단다.

이산화 탄소	산업 에너지 사용
육불화 황	절연체
과불화 탄소	세정용 액체
수소불화 탄소	에어컨 냉매
아산화 질소	비료사용, 산업공정
메탄	폐기품, 농업, 축산

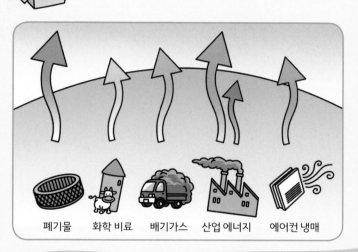

폐기물　화학 비료　배기가스　산업 에너지　에어컨 냉매

세계의 노력

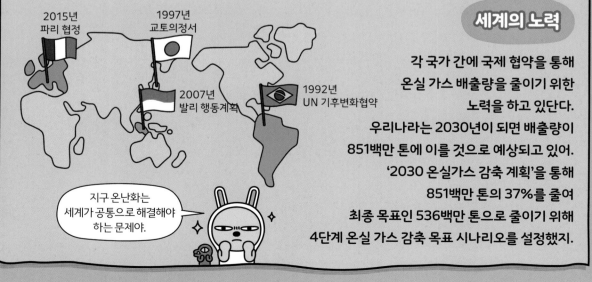

2015년 파리 협정

1997년 교토의정서

2007년 발리 행동계획

1992년 UN 기후변화협약

지구 온난화는 세계가 공통으로 해결해야 하는 문제야.

각 국가 간에 국제 협약을 통해 온실 가스 배출량을 줄이기 위한 노력을 하고 있단다. 우리나라는 2030년이 되면 배출량이 851백만 톤에 이를 것으로 예상되고 있어. '2030 온실가스 감축 계획'을 통해 851백만 톤의 37%를 줄여 최종 목표인 536백만 톤으로 줄이기 위해 4단계 온실 가스 감축 목표 시나리오를 설정했지.

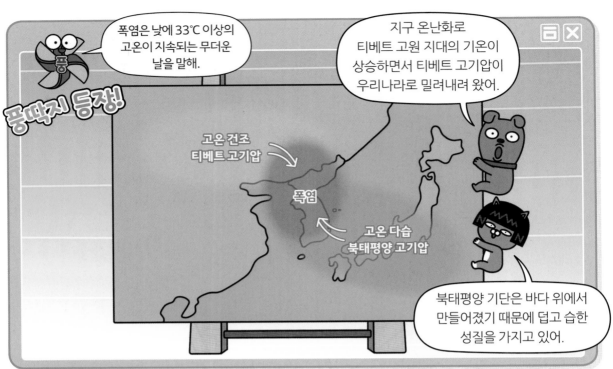

폭염은 낮에 33℃ 이상의 고온이 지속되는 무더운 날을 말해.

지구 온난화로 티베트 고원 지대의 기온이 상승하면서 티베트 고기압이 우리나라로 밀려내려 왔어.

풍딱지 등장!

고온 건조 티베트 고기압

폭염

고온 다습 북태평양 고기압

북태평양 기단은 바다 위에서 만들어졌기 때문에 덥고 습한 성질을 가지고 있어.

으앗! 더워.

버둥 버둥

박사님, 도시는 더 더운 것 같아요. 에어컨 온도를 더 내려야겠어요.

열섬 현상 때문에 더운 거란다. 도심 지역은 높은 건물이 많아 공기의 순환이 일어나지 않고 에어컨 실외기 열기 등으로 공기가 가열되면서 더운 공기가 가운데로 모여 상승해.

열섬 현상

더운 공기

냉각

가열

가열

냉각

그래서 주변 지역보다 도심 지역의 온도가 더 높고 뜨거운 거야.

라이언, 여기서 뭐해?

더워서 나왔어. 에어컨을 틀었는데도 왜 안 시원하지?

온도를 좀 더 내려 봐.

히히

혁!

타

찌린 가스 여기 숨어있었구나!

거기 서!

수욱~

도망가자!

찌린 가스 획득

폭염

7구역 | 지구 온난화

미션 요원 　　　 프로도

목표 찌린 가스 　　 일사병

찌린 가스 획득!!

헤롱 헤롱

이제 시원해~

어피치, 괜찮아?

걱정

열사병

- 우리 몸에서 열이 제대로 빠져나가지 못해 발생하는 질환
- 몸의 체온 조절 기관에 이상이 생길 때 나타나는 응급 상황

☑ 두통

☐ 40℃ 이상 고열

☐ 구토

☐ *경련

일사병

- 강한 햇빛 때문에 땀을 많이 흘렸을 때 생기는 질환
- 우리 몸속 염분과 수분의 균형이 깨질 때 나타남

☑ *무기력

☑ 38℃ 이상 고열

☑ 두통

☑ 어지럼증

*경련 근육이 갑자기 수축하거나 떨게 되는 현상

*무기력 어떤 일을 할 수 있는 기운과 힘이 없음

54

어피치는 일사병인 것 같아. 일사병 증상이 지속되면 열사병으로 발전할 수 있기 때문에 조심해야 한단다.

어디보자

어피치가 낫지 않으면 어떡해요.

으앙~

특명 일사병인 어피치를 구해라

물수건으로 몸을 적셔서 체온을 내려줘.

소금이 약간 들어간 물이나 이온 음료를 마셔서 염분과 수분을 보충해야 해.

체온이 내려가도록 부채질을 해주면서 지켜보고 30분 안에 정상 체온이 되지 않으면 병원에 가야 해.

너희 덕분에 이제 좀 괜찮아졌어.

찌린 가스가 베개 밑에 숨어있었잖아?

빨리 잡자

뜨악

뿡!

찌린 가스 완전~

일사병

*냉방병 더운 여름에 밀폐된 공간에서 냉방이 지속될 경우 나타나는 몸살 증상

폭염 시 대처 방법

폭염	낮에 33℃ 이상의 고온이 지속되는 날로 지구 온난화가 지속되면서 폭염인 날도 더 늘어나고 있다.
일사병	강한 햇빛 때문에 땀을 많이 흘렸을 때 생기는 질환으로 우리 몸의 염분과 수분의 균형이 깨질 때 나타난다. 증상 : 무기력, 38℃ 이상의 고열, 두통, 어지럼증 등
폭염 대처 방법	① 에어컨을 계속 쬐지 말고 5분 이상 환기를 시켜 냉방병을 예방한다. ② 야외 활동을 삼가고 나가야 한다면 햇빛을 차단한다. ③ 가벼운 운동을 한다. ④ 식사는 가볍게 하고, 충분한 양의 수분을 섭취한다. ⑤ 몸에 이상이 있다면 즉시 휴식을 취한다.

폭염은 말이야 — 지구 온난화와 관련이 있어

폭염 특보 기준

33℃

폭염 주의보

폭염은 1901년부터 100년간 우리나라에서 가장 많은 *사상자를 발생시킨 기상 재해란다. 폭염 주의보는 하루 최고 기온이 33℃ 이상인 상태가 이틀 이상 지속될 것으로 예상될 때 발령돼.

35℃

폭염 경보

폭염 경보는 하루 최고 기온이 35℃ 이상인 상태가 이틀 이상 지속될 것으로 예상될 때 발령돼.

25℃

열대야

밤의 최저 기온이 25℃ 이상으로 무더위 때문에 잠들기 어려운 밤이야. 보통 7월 말~8월 중순에 나타나.

너무 덥다.

열대야로 잠을 못 자겠어.

열대야

여름에 너무 더워서 잠들지 못했던 날들이 있지? 이런 현상을 열대야라고 부르는데, 전날 오후 6시부터 다음날 오전 9시까지 최저 기온이 25℃ 이상인 날을 말해. 열대야 현상이 일어나는 주된 원인에 지구 온난화가 있지만 최근에는 도심의 열섬 현상 때문에 대도시에서 열대야 현상을 보이는 날이 크게 증가하고 있단다.

준비 사항

1 매일 기상 정보를 확인해야 해.

기상청: www.kma.go.kr

2 실내와 실외의 온도차를 5℃ 내외로 유지해야 해.

3 커텐이나 블라인드를 쳐 집안의 온도가 너무 올라 가지 않도록 해야 해.

4 몸의 상태를 자주 확인해야 해.

지구 온난화가 계속되면서 여름에 폭염이 올 가능성이 더욱 높아졌어.
폭염이 지속되면 남녀노소 상관없이 온열 질환이 발생할 가능성도 매우 높아진단다.
우리는 온열 질환을 그저 '더위 먹은 것'이라고 생각하기 쉽지만 방치하면 생명이 위태로울 수도 있어.
폭염에 대비해 건강하게 여름을 나기 위한 준비 사항을 잘 알아두자.

*사상자 죽은 사람과 다친 사람

나잘나 박사가 어피치, 프로도를 초대했습니다.

 어피치, 이제 좀 괜찮니?

 몸을 시원하게 하고 쉬었더니 괜찮아졌어요.

 옆에 우리가 있어서 다행이야.
혼자 길에서 쓰러졌으면 큰일 날뻔했어.

 맞아. 요즘에는 폭염이 계속돼서
쓰러지는 사람들이 많을 것 같아.

 폭염에 쓰러지거나 힘들어하는 사람을 발견
했을 때 우리가 할 수 있는 응급처치 사항을
알려줄게. 잘 기억해 놓으럼.

그늘이나 시원한 장소로 이동해
옷을 벗기고 119를 부른다.

젖은 수건으로 몸과 얼굴을
감싸 체온을 낮춰준다.

 올라간 체온을 빠르게 내려주는 게 가장 중요하군요.

 맞아. 이 밖에도 옆에서 부채질을 해주거나
시원한 물을 마시게 해줘도 된단다.

 잘 기억해서 나중에 위험에 처한 사람을 도와줘야지.

폭염으로
쓰러졌을 때
응급처치 방법

➕ 멋쟁이 카카오프렌즈♥   ☺ #

초 5-2 날씨와 우리 생활 | 중3 기권과 날씨

★주범 어떤 결과를 만드는 주된 원인

＊**극지방** 남극과 북극을 중심으로 한 그 주변 지역

빙하의 단면을 자세히 보면 녹았다 얼었다를 반복하며 나무의 나이테 같은 모양이 생긴 것을 볼 수 있어.

나이테를 통해 빙하의 나이와 과거의 기후를 알 수 있겠어.

앗!

벌써 녹았어.

풍덩~

빙하가 왜 이렇게 빨리 녹지?

갸웃

SOS 찌린 가스 감지

7구역 | 지구 온난화

미션 요원   콘

목표 찌린 가스   지구 온난화의 주범

지구 온난화 때문이야. 빙하는 태양 에너지의 약 85%를 반사하지만 바다는 약 7%만 반사하지. 그래서 빙하가 녹을수록 지구 밖으로 빠져나가던 태양 에너지가 바다로 흡수된단다.

빠져나가지 못한 태양 에너지로 따뜻해진 바닷물은 빠르게 빙하를 녹이고, 바다의 면적이 커지며 더 많은 태양 에너지를 흡수하는 악순환이 이어지는 거야.

바다 : 약 7%의 태양 에너지를 반사

빙하 : 약 85%의 태양 에너지를 반사

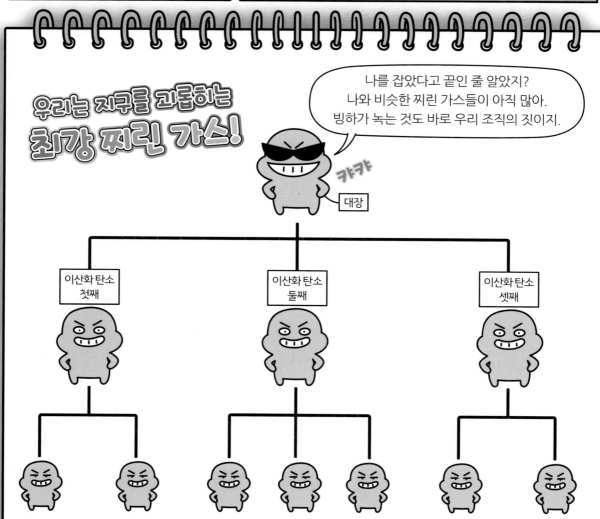

*빙산수 빙하가 녹은 물

면적이 점점 줄고 있어

면적 변화

빙하 면적이 점점 줄어들고 있어.

지구 온난화가 진행되면서
빙하가 빠른 속도로 녹아 줄어들고 있어.
평소라면 한겨울의 북극은 영하 20℃ 아래로
기온이 떨어져야 하는데, 2017년 1월에는
북극의 기온이 영상으로 올라갔다고 해.
기록적인 '한겨울 온난화'가 나타난 셈이지.
또, 북극뿐만 아니라 남극의 빙하 면적도 줄고 있어.
남극은 북극과 반대로 9월에 추운 겨울이었다가
2월에 더운 여름이 되는데, 2017년 2월에
역대 최소 면적을 기록했어.
북극과 남극의 빙하 면적이 동시에 감소하면서
새로운 기상 이변이 발생할 가능성도 크다고 해.

북극의 면적 변화

1988년 9월

2000년 9월

2012년 9월

2016년 9월

종류

지구상에서 가장 많은 물을 저장하고
육지를 덮은 얼음 형태가 빙하야.

빙하의 종류는 다양하단다.

빙하 ─ 곡빙하
     ─ 빙모
     ─ 빙상 ─ 빙붕 ─ 빙산

곡빙하 : 계곡을 채우며 천천히 흐르는 빙하로 알프스, 히말라야, 알래스카 등 산지에서 볼 수 있어.

빙모 : 산의 정상에 모자처럼 걸쳐져 있는 빙하를 말해. 영어 이름은 Ice cap이지. 킬리만자로 꼭대기를 빙모라고 불러.

빙상 : 극지방의 넓은 지역을 덮으면서 넓이가 5만km² 을 넘으면 빙상이라고 해. 남극과 북극도 빙상이라고 할 수 있지.

빙붕 : 빙상의 일부가 바다 위로 뻗어 나온 덩어리야.

빙산 : 빙붕이 바다로 떨어져 나와 생긴 얼음 덩어리야.

해빙 : 바다에 떠 있는 모든 얼음 덩어리를 말해. 넓은 의미로 빙산을 포함하지만 실제로는 바다에서 만들어진
       얼음 덩어리야. 그 중 표류하는 해빙은 유빙이라고 부른단다.

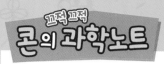

지구 온난화가 미치는 영향 🍀

동물의 생태계에 미치는 영향

지구 온난화로 지구의 온도가 점점

상승하면서 북극의 여름에 해당하는

*해빙기가 한 달 이상 빨라졌고, 북극의

얼음 면적도 $\frac{1}{4}$ 이상 줄어들었다.

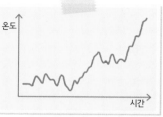

지구의 온도 그래프

이로 인해 북극곰 주서식지의 면적이 줄어들고 있고, 빙하 위에서

서식하는 바다표범이나 물속에서 튀어 오르는 물고기가 줄어들며

북극곰이 사냥을 하지 못해 굶어죽는 경우가 발생하거나 동족을

잡아먹는 사례도 늘고 있다.

빙하 면적의 변화

과학자들에 따르면, 킬리만자로 산의 빙하 중 80%가 이미 녹았으며

남아 있는 빙하도 빠른 속도로 줄어들고 있다고 한다.

과학자들은 이대로 가면 2050년 여름에는 북극의 바다 얼음이

모두 녹아버릴지도 모른다며 경고하고 있다.

생태계에
영향을 주는
지구 온난화

*해빙기 얼음이 녹아 풀리는 때

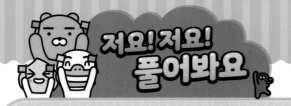

저요! 저요! 풀어봐요

1 폭염 예보가 있을 때 틀리게 행동을 한 카카오프렌즈는 누구일까요?

정답
스티커

에어컨을 켜다가 중간에 창문을 열고 30분 환기를 시켰어.

몸에 이상이 있어서 시원한 곳에 누워있었어.

충분한 양의 물을 마셨어.

밖에서 열심히 1시간 이상 운동했어.

2 지구 온난화로 인한 영향을 틀리게 설명한 카카오프렌즈는 누구일까요?

정답
스티커

새로운 바이러스가 출몰해 질병을 일으킬 수 있어.

빙하가 녹아 섬이 사라질 수도 있어.

빙하가 녹아 해양 생물이 풍부해져.

사막화, 가뭄, 이상 기온 등이 일어나.

3 다음 용어의 뜻을 바르게 연결해 보세요.

1 유빙	**ㄱ** 도시의 높은 건물 때문에 도심 지역의 온도가 주변 지역보다 더 높고 더운 현상
2 열섬 현상	**ㄴ** 바다에 떠 있는 얼음 덩어리 중 표류하는 얼음 덩어리
3 지구 온난화	**ㄷ** 온실 효과가 강화되어 지구의 평균 기온이 점점 상승하는 현상

70 💡 정답은 72쪽에 있어요.

4 빙하가 만들어지는 과정을 순서대로 이어 길을 찾아보세요.

출발

① 눈이 내려 쌓이고 틈에 공기가 채워진다.

② 눈 결정이 점점 커진다.

③ 눈이 내리면서 땅이 갈라지기 시작한다.

④ 눈이 쌓이며 아래쪽은 단단해진다.

⑤ 빙상의 일부가 바다 위로 뻗어 나온다.

⑥ 다져진 얼음이 녹기 시작한다.

⑦ 얼음 면적이 점점 줄어든다.

⑧ 누르는 압력 때문에 눈 결정은 얼음이 된다.

⑨ 중력에 의해 빙하가 낮은 곳으로 흘러간다.

도착

5 다음 ①~④에 해당하는 용어를 모두 찾아 ○표 해보세요.

① 극지방의 넓은 지역을 덮은 얼음.
남극과 북극도 여기에 속함

② 지구 온난화를 일으키는 원인이 되는
대기 중의 가스 형태의 물질

③ 우리 몸에서 열이 제대로 빠져나가지 못해
생기는 질환

④ 더운 여름에 밀폐된 공간에서 냉방이 지속될
경우 나타나는 몸살 증상

열	냉	방	병
사	면	학	아
병	빙	상	리
온	실	기	체

저요! 저요! 맞춰봐요

궁금증을 해결했는지 한번 확인해 볼까?

정답

①  어피치

② 라이언

③ ①─ㄱ ②─ㄴ ③─ㄷ (①과 ②가 교차)

④ ①, ④, ⑧, ⑨

⑤ ① 빙상
② 온실 기체
③ 열사병
④ 냉방병

이상 기후

찌린 가스 감지 >>> 출동하세요!

#사막에도 홍수가 난다고요?

#오존층에 구멍이 있다고요?

⚡ 이상 기후

사막에도 홍수가 난다고요?

초 5-2 날씨와 우리 생활　중2 수권과 해수의 순환

SOS 찌린 가스 감지　엘니뇨와 라니냐

얘들아, 이것 봐. 사막에서 7년 동안 내릴 비의 양이 한꺼번에 내렸대.

타닷

찌린 가스 짓 아니야?

흐음

이번 구역에 있는 찌린 가스는 쌍둥이라는데?

엘니뇨 라니냐

우리는 쌍둥이

이름이 엘니뇨, 라니냐?

어느 나라 이름이야?

엘니뇨(El Niño)는 스페인어로 '남자 아이'라는 뜻으로 열대 동태평양의 수온이 평균보다 높아지는 현상이야.

라니냐(La Niña)는 스페인어로 '여자 아이'라는 뜻이고, 열대 동태평양의 수온이 평균보다 낮아지는 현상을 의미한단다.

SOS 찌린 가스 감지

네오, 왜 그래?

너무 건조해. 피부에 주름이 생길 것 같아.

짜증

사막은 비가 내리지 않고 뜨거운 태양으로 인해 공기 중의 수증기가 적어. 그래서 습도가 낮고 건조한 거란다.

습도를 빠르게 높이려면….

흠…

비가 내리면 되잖아요! 박사님, 둥둥호에 *인공 강우를 내리게 하는 장치는 없나요?

어지러우~

끄약!

찌린 가스 안 찾고 뭐하는 거야?

어질 어질

다다닥

*인공 강우 인위적으로 비를 내리게 하는 일

쏴아아아

비 온다!

사막은 비가 내리지 않는다고 했는데 많이 오잖아?

홍수 나는 거 아니야?

쏴아아아

76

잠시 후

내 바람이 통한 건가?

첨벙 첨벙

지구 온난화 때문에 지구 곳곳에서 엘니뇨와 라니냐가 발생하고 있어. 엘니뇨와 라니냐는 무역풍 때문에 일어난단다.

무역풍?

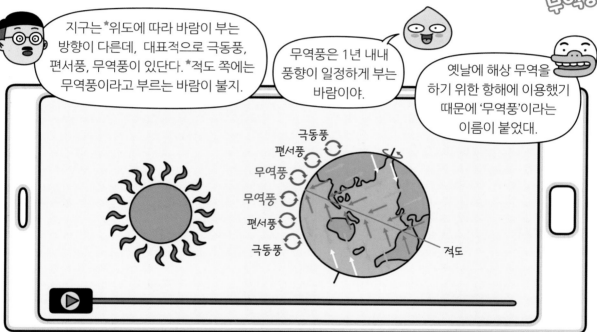

지구는 *위도에 따라 바람이 부는 방향이 다른데, 대표적으로 극동풍, 편서풍, 무역풍이 있단다. *적도 쪽에는 무역풍이라고 부르는 바람이 불지.

무역풍은 1년 내내 풍향이 일정하게 부는 바람이야.

옛날에 해상 무역을 하기 위한 항해에 이용했기 때문에 '무역풍'이라는 이름이 붙었대.

극동풍
편서풍
무역풍
무역풍
편서풍
극동풍
적도

*위도 적도를 기준으로 북쪽 또는 남쪽으로 떨어져 있는 정도

*적도 위도의 기준이 되는 선으로 남극과 북극으로부터 같은 거리에 있는 지구 표면의 점을 이은 선

그런데 왜 무역풍 때문에 엘니뇨와 라니냐가 나타나나요?

무역풍이 불면 적도 지방에 집중되었던 열에너지가 자연스럽게 순환하는데, 이상 기후로 무역풍의 세기가 변하면서 열의 순환이 비정상적으로 일어나 바다 수온에 이상이 생기는 거란다.

평상시 무역풍

서태평양   동태평양

무역풍

해수 순환

내가 나설 차례!

엘니뇨와 라니냐 모두 이상 기후 현상이야.

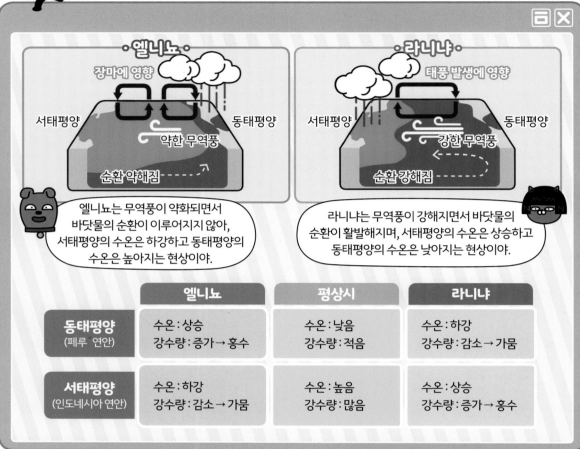

·엘니뇨·

장마에 영향

서태평양   동태평양

약한 무역풍

순환 약해짐

·라니냐·

태풍 발생에 영향

서태평양   동태평양

강한 무역풍

순환 강해짐

엘니뇨는 무역풍이 약화되면서 바닷물의 순환이 이루어지지 않아, 서태평양의 수온은 하강하고 동태평양의 수온은 높아지는 현상이야.

라니냐는 무역풍이 강해지면서 바닷물의 순환이 활발해지며, 서태평양의 수온은 상승하고 동태평양의 수온은 낮아지는 현상이야.

	엘니뇨	평상시	라니냐
동태평양 (페루 연안)	수온 : 상승 강수량 : 증가 → 홍수	수온 : 낮음 강수량 : 적음	수온 : 하강 강수량 : 감소 → 가뭄
서태평양 (인도네시아 연안)	수온 : 하강 강수량 : 감소 → 가뭄	수온 : 높음 강수량 : 많음	수온 : 상승 강수량 : 증가 → 홍수

★연안 강이나 호수, 바다를 따라 잇닿아 있는 육지

날아가자!

맞아 사막의 모래는 입자가 매우 가늘고 건조해서 비가 내리면 안에 고여 있는 물이 빠져나오기 어려워. 그래서 비가 조금 내려도 물이 금방 불어나는 거란다.

엘니뇨와 라니냐가 일어나는 지역 근처에 있는 사막의 강수량이 증가하는 것이군요.

빗물을 빨아들이는 식물도 적어서 홍수가 더 잘 일어날 것 같아요.

찰랑 찰랑

🔍 알게 된 개념

엘니뇨와 라니냐	① 엘니뇨(El Niño) : 스페인어로 '남자 아이'라는 뜻으로 무역풍이 약화되면서 서태평양의 바다 수온이 평균보다 낮아지고 동태평양의 수온이 높아지는 현상이다. ② 라니냐(La Niña) : 스페인어로 '여자 아이'라는 뜻으로 무역풍이 강화되면서 서태평양의 바다 수온이 평균보다 높아지고 동태평양의 수온이 낮아지는 현상이다.
이상 기후	지구 온난화로 지구 곳곳에서 기온이나 강수량 등이 정상적이지 않은 기후 현상을 말한다.

세계적으로 다양한 피해를 일으켜

엘니뇨

엘니뇨로 인해 열대 동태평양의 수온이 높아지면
수증기가 생성되어 비구름이 많이 만들어지게 된단다.

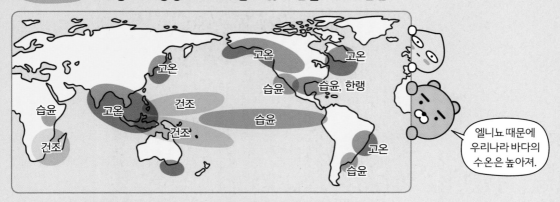

엘니뇨 때문에
우리나라 바다의
수온은 높아져.

엘니뇨로 인해 만들어진 비구름은 중남미 지역에 많은 비를 뿌리고,
멕시코나 미국 남부에는 태풍이 발생하기도 해. 이와 반대로 필리핀이나
호주에서는 강수량이 줄어들어 가뭄이나 대규모 산불이 생기기도 하지.
엘니뇨로 우리나라는 바다가 따뜻해지면서 찬 바다에서 사는
오징어와 꽁치는 사라지고, 해파리 떼와 적조 현상이 발생하게 돼.
2015년에는 세계에서 가장 건조한 사막으로 불리는
칠레 아타카마 사막에서 엘니뇨로 인해
많은 양의 비가 한꺼번에 내려
분홍 꽃이 만발하는 장관이
연출되었어.

라니냐

라니냐로 인해
서태평양의 수온은 상승하고,
동태평양의 수온은 낮아지게 돼.
그래서 필리핀이나 동남아시아 근처는 홍수가
잦아지는 반면, 페루나 칠레 근처는 평소보다 더 건조해지지.

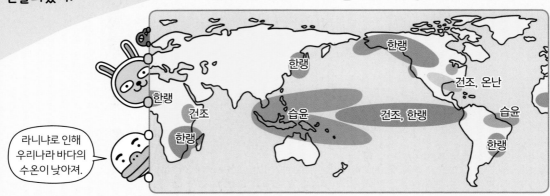

라니냐로 인해
우리나라 바다의
수온이 낮아져.

그리고 동남아시아는 한파가 찾아오고, 반대로 호주에서는 이상 고온 현상이 일어나기도 해.
우리나라는 낮은 수온으로 따뜻한 물에서 사는 물고기가 사라져
어업에 많은 피해를 주고 가뭄이 들기도 해.

⚡ 이상 기후

오존층에 구멍이 있다고요?

초 5-2 날씨와 우리 생활 | 중3 기권과 날씨

SOS 찌린 가스 감지 오존

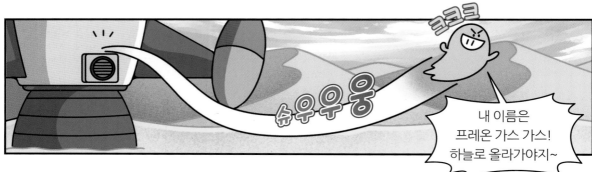

슈우우웅

크크크

내 이름은 프레온 가스 가스! 하늘로 올라가야지~

한편

룰루 랄라~

꽃이 많이 피었어요.

우왕

비가 갑자기 많이 와서 모래 속에 숨어있던 꽃씨가 *발아해 꽃이 핀 것 같구나.

***발아** 씨앗 속에 들어있는 식물이 성장을 시작해 싹이 틈

찰칵 찰칵

꺄아

폴짝

폴짝

뿌둣~

음하하하
둥둥호에
우리 단체 사진을
걸어 놔야겠어.

이글

더워.

이글

삐질

삐질

살이 다 탈 것 같아.

어디서 이상한
냄새가 나지 않아?

더워

킁킁

슈웅~

깜짝

찌린 가스?!

저는 착한 찌린 가스예요.
이름은 오존(O_3)이죠. '냄새가 난다'는
뜻을 가진 그리스어에서 유래되었답니다.
산소(O_2)의 친구예요.

뿅

그래?
우린 지구 온난화 대장
찌린 가스를 찾고 있어.

혹시 어디에 있는지
알고 있니?

제가 도와드릴게요.
따라오세요.

빨로미

다다다다

헥
헥

어휴 더워

으액!

엄청 덥고
어지러워.

머리가 아파.

빙글
빙글

픽

크하하

털썩

두둥!

속았지? 사실 난
착한 찌린 가스가 아니야.

크하하하

SOS 찌린 가스 감지

84

어떻게 된 거니?

오존 찌린 가스가 지구 온난화 찌린 가스를 찾는 걸 도와준다고 해서 쫓아갔어요.

오존은 착하면서 나쁜 두 개의 얼굴을 가지고 있어. 오존층의 오존은 자외선을 막아주지만 지상에 있는 오존은 오염 물질과 결합해 우리 몸에 문제를 일으킬 수 있지.

오존?

착한 오존

나쁜 오존

오존층이요?

그게 뭐예요?

오존층은 대기 중에 오존이 많이 모여 층을 이루는 곳으로, 태양으로부터 들어오는 자외선을 흡수해 지구로 들어오는 자외선의 양을 줄여주는 '하늘 위의 방패'란다.

그것을 알아보자

지구를 덮고 있는 거대한 방패, 오존층

영상으로 공부 Go!

86

*프레온 가스가 오존층을 파괴한다니.

오존층 구멍이 커지면 지표면으로 자외선이 많이 들어오고, 지구 온난화가 더 심해질 거야.

헉!

심각

착한척 했던 오존 찌린 가스가 사실 나쁜 찌린 가스였구나.

어떻게 찾지?

자외선이 강한 곳에 가면 찾을 수 있을 거야.

*프레온 가스 냉장고나 에어컨의 냉매로 이용되며 오존층의 파괴 원인으로 현재는 사용이 금지된 가스

둥둥호! 근처에 자외선이 가장 강하게 감지되는 곳으로 가줘!

삑 삑

척

슈아앙

GO! GO!

쿠웅

까하하

까하~

오존층 파괴가 우리에게 미치는 영향

*백내장 눈 속 투명한 수정체가 흐려져 시력 장애를 일으키는 병

알게 된 개념

오존	① 오존 : 오존은 색이 없고 강한 냄새가 나는 기체이다. 오존층의 오존은 자외선을 막아주지만 지상에 있는 오존은 오염 물질과 결합해 우리 몸에 문제를 일으킬 수 있고, 대기 오염을 일으키기도 한다. ② 오존층 : 오존층은 성층권에 위치하며 일정한 농도를 유지하고 자외선을 흡수해 지구의 생명체를 보호하는 역할을 한다. 환경오염으로 오존층의 농도가 옅어져 지구 온난화가 심해지고 있다.
오존층 파괴가 미치는 영향	① 식물들이 잘 성장하지 못한다. ② 나무 등 건축 재료의 노화가 빠르게 진행된다. ③ 백내장과 피부암에 걸릴 확률이 높아진다. ④ 바다 속 플랑크톤의 수가 줄어들어 생태계가 파괴된다. ⑤ 대기 중 화학 반응이 활발해져 대기 오염이 심해진다.

지구의 기권은 말이야 높이에 따라 부르는 이름이 달라

열권

열권(약 80~100km)

공기가 희박해 낮과 밤의 기온 차가 크다.
고위도에서는 오로라가 나타나고, 인공위성의 궤도로
이용한다. 태양 에너지가 직접적으로 다다르기 때문에
높이 올라갈수록 기온이 상승한다.

오로라

중간권 계면

산소가 부족해.

중간권

중간권(약 50~80km)

대류 현상은 있지만 공기가 희박하고 수증기가
없기 때문에 기상 현상은 일어나지 않는다.
유성이 나타나며, 지표면에서 발생하는 열이 거의
도달하지 않기 때문에 높이 올라갈수록 기온이 감소한다.

유성

성층권 계면

성층권

성층권(약 11~50km)

오존층이 존재하는 기권으로 대류 현상이
없고 안정적이어서 비행기가 다니는 항로로
이용된다. 오존층이 자외선을 흡수하기 때문에
높이 올라갈수록 기온이 점점 상승한다.

오존층

성층권에는
비행기 경로가 있어.

기온

대류권 계면

대류권

대류권(지표~약11km)

전체 공기의 약 75%가 분포한다. 대류 현상이 일어나고
수증기가 존재하기 때문에 구름, 눈, 비 등의 기상 현상이 일어난다.
높이 올라갈수록 지표면에서 반사되는 지구 복사 에너지가
적게 도달해 기온이 점점 내려간다.

★**계면** 서로 맞닿아 있는 두 가지 상의 경계면

어피치가 튜브와 나잘나 박사를 초대했습니다.

오존층의 오존은 지구에서 하늘 위로 날아가서 생기는 걸까?

오존층에서 오존이 어떻게 만들어 지고 사라지는지 알려줄게.

오존이 만들어지고 사라지는 과정 …

1. 산소 분자(O_2)가 자외선에 의해 산소 원자(O)로 쪼개진다.

2. 산소 원자(O)가 산소 분자(O_2)와 충돌하여 오존(O_3)을 생성한다.

3. 오존(O_3)이 자외선에 의해 산소 분자(O_2)와 산소 원자(O)로 쪼개진다.

4. 산소 원자(O)가 오존(O_3)과 충돌하여 2개의 산소 분자(O_2)를 생성하며 오존(O_3)은 사라진다.

오존층이 파괴되면 우리 생활에도 많은 영향을 미칠 것 같아.

그래서 1985년 오스트리아 비엔나에서 채택된 비엔나 협약을 통해 국제적으로 오존층을 보호하기로 약속했대.

이후 1987년 오존층 파괴 물질의 생산 및 소비 규제를 위한 '몬트리올 의정서'를 채택하여 구체적인 규제조치를 확립했어.

또 1994년 UN총회에서는 몬트리올 의정서의 채택일인 9월 16일을 '세계 오존층 보호의 날'로 지정하여 매년 전 세계에서 다양한 오존층 보호 캠페인이 이루어지고 있단다.

오존층 보호의 날

9월 16일! 오존층 보호의 날. 잊지 말아야지.

☺ #

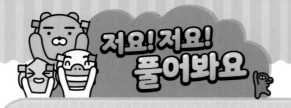

저요! 저요! 풀어봐요

정답 스티커

① 오존에 대해 올바르게 설명한 카카오프렌즈는 누구일까요?

오존은 자외선을 반사하는 성질을 가지고 있어.

프레온 가스는 오존층을 파괴해.

오존은 냄새가 나지 않아.

오존층은 중간권에 위치해.

정답 스티커

② 지구의 기권에 대해 틀리게 설명한 카카오프렌즈는 누구일까요?

성층권에서는 기상 현상이 일어나.

중간권에는 대류 현상은 있지만 기상 현상은 일어나지 않아.

낮과 밤의 기온 차가 가장 큰 구간은 열권이야.

열권에서는 오로라가 나타나.

정답 스티커

③ 라니냐가 발생할 때 동태평양 근처에서 일어나는 상황을 올바르게 이야기한 카카오프렌즈는 누구일까요?

산불이 발생해.

태풍 발생에 영향을 줘.

강수량이 늘어나.

수온이 내려가.

4 다음 중 엘니뇨와 라니냐에 대해 올바르게 설명한 카카오프렌즈와 같은 표정을 모두
찾아보세요.

5 다음 ①~④에 해당하는 용어를 모두 찾아 ○표 해보세요.

① 적도 부근에서 부는 바람으로 적도 지방의 열에너지를 순환시키는 바람

② 대류 현상이 없는 기권으로 비행기의 항로로 이용됨

③ 눈에 보이지 않는 짧은 파장의 태양 광선으로 오래 쬐면 피부를 다치게 함

④ 흔히 말하는 별똥별. 중간권에서 볼 수 있고 우주를 떠돌던 물체가 지구의 중력에 이끌려 대기권으로 떨어지는 것

자	유	리	창
외	성	층	권
선	무	역	풍
물	음	표	선

저요! 저요! 맞춰봐요

궁금증을 해결했는지 한번 확인해 볼까?

지구의 오염

 찌린 가스 감지 >>> 출동하세요!

#모기가 질병을 옮긴다고요?

#땅이 갑자기 꺼진다고요?

#바다 위에 쓰레기로 만들어진 섬이 있다고요?

#거북이가 플라스틱을 먹는다고요?

6구역　7구역　8구역　**9구역**

⚡ 지구의 오염

모기가 질병을
옮긴다고요?

초 3-1 동물의 한살이　｜　중1 생물의 다양성

SOS 찌린 가스 감지　（모기가 옮기는 질병）

까르르

와아~

교교

헤헤헤

우다다다

박사님, 아직
도착하려면 멀었나요?

거의
다 와가는구나.

웽~

까르르

왁자 지껄

위이잉~

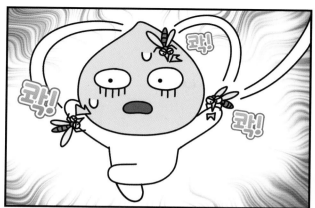

잠깐

요즘 말라리아가
*기승이라는데 말라리아를
옮기는 얼룩날개모기
아니야?

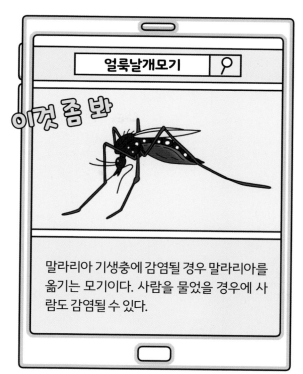

얼룩날개모기 🔍

이것 좀 봐

말라리아 기생충에 감염될 경우 말라리아를 옮기는 모기이다. 사람을 물었을 경우에 사람도 감염될 수 있다.

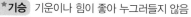

*기승 기운이나 힘이 좋아 누그러들지 않음

엉엉~

뭐? 그럼 나도
말라리아에
걸리는 거야?

어피치, 왜 우니?
무슨 일이야?

다다다다

어피치가
말라리아를 옮기는
얼룩날개모기에
물린 것 같아요.

말라리아에
걸리면 어떡해요.

걱정

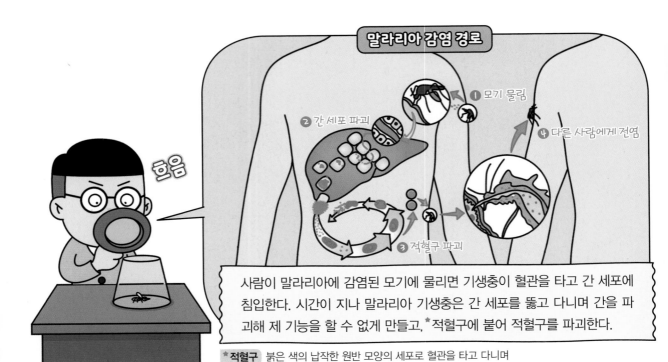

말라리아 감염 경로

① 모기 물림
② 간 세포 파괴
③ 적혈구 파괴
④ 다른 사람에게 전염

흐음

사람이 말라리아에 감염된 모기에 물리면 기생충이 혈관을 타고 간 세포에 침입한다. 시간이 지나 말라리아 기생충은 간 세포를 뚫고 다니며 간을 파괴해 제 기능을 할 수 없게 만들고, *적혈구에 붙어 적혈구를 파괴한다.

★**적혈구** 붉은 색의 납작한 원반 모양의 세포로 혈관을 타고 다니며 우리 몸의 조직에 산소를 공급하는 세포

말라리아에 감염되면 *오한이나 발열 등의 증상이 나타나고 심할 경우 황달, 쇼크 등이 발생할 수 있어서 신속한 치료가 매우 중요해.

황달은 없군.

★**오한** 갑자기 몸에 열이 나면서 추위를 느끼는 증세

모기가 옮기는 질병은 이 밖에도 많은데, 우리나라 질병관리청에서는 일본 뇌염, 말라리아 등 7종 질병을 법정 감염병으로 지정하여 조사하고 감시하고 있단다.

감시 중

그런데 모기는 어떻게 피를 빨아 먹는 거예요?

맞아요! 눈을 물고 있는지도 몰랐는데.

후덜덜

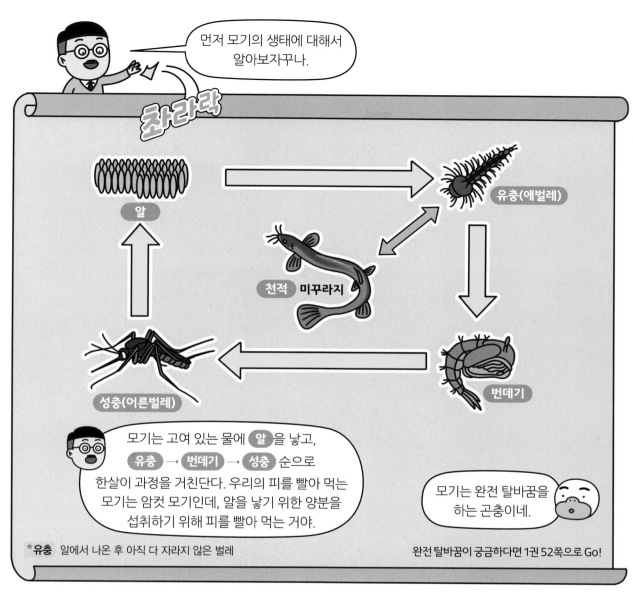

먼저 모기의 생태에 대해서 알아보자꾸나.

차라락

알

유충(애벌레)

천적 미꾸라지

번데기

성충(어른벌레)

모기는 고여 있는 물에 알 을 낳고,
유충 → 번데기 → 성충 순으로
한살이 과정을 거친단다. 우리의 피를 빨아 먹는
모기는 암컷 모기인데, 알을 낳기 위한 양분을
섭취하기 위해 피를 빨아 먹는 거야.

모기는 완전 탈바꿈을
하는 곤충이네.

*유충 알에서 나온 후 아직 다 자라지 않은 벌레

완전 탈바꿈이 궁금하다면 1권 52쪽으로 Go!

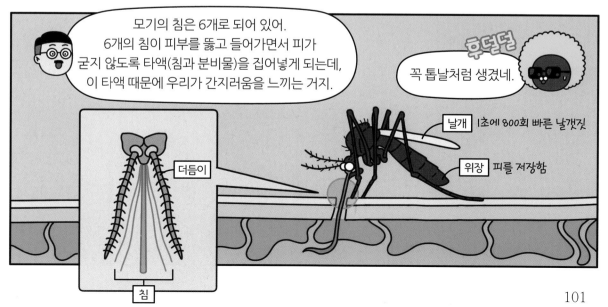

모기의 침은 6개로 되어 있어.
6개의 침이 피부를 뚫고 들어가면서 피가
굳지 않도록 타액(침과 분비물)을 집어넣게 되는데,
이 타액 때문에 우리가 간지러움을 느끼는 거지.

후덜덜

꼭 톱날처럼 생겼네.

날개 1초에 800회 빠른 날갯짓

위장 피를 저장함

더듬이

침

모기에 물렸을 때
침을 바르거나 손톱으로
십자 표시를 하면 일시적으로
가려움을 없앨 수는 있지만
세균에 의한 2차 감염의
위험이 있기 때문에 올바른
대처 방법이 아니란다.

따뜻한 수건으로 물린 부위를 찜질해 모기의 침을 해독하면 가려움을 줄일 수 있어.

모기가 물 때 피부 속에 주입하는 침은 산성이야. 그래서 알칼리성(염기성)인 비누로 씻어주면 성분이 중화되어 가려움이 사라질 수 있어.

잠시 후

정말 간지러운 게 사라졌어.

말라리아에 감염된 게 아니라서 다행이야.

빨리 9구역으로 가자!

🔍 알게 된 개념

모기가 옮기는 질병 (말라리아)	말라리아에 감염된 모기에 물리면 기생충이 혈관을 타고 간에 침투해 간세포를 파괴하고, 적혈구를 파괴한다.
모기에 물렸을 때	① 따뜻한 수건으로 물린 부위를 찜질해 모기의 침을 해독한다. ② 알칼리성인 비누로 물린 부위를 씻어 산성인 모기의 침을 중화시킨다.

우리나라의 감염병 대응 총괄 기관이야

나는 우리나라의 감염병에 대해 연구하고
대응하기 위해 만들어진 조직이야.
2003년 감염병 사스(SARS)의 유행으로
감염병 관리의 필요성이 대두되면서 설립되었지.
건강한 국민, 안전한 사회를 만드는 것을
비전으로 하고 있어.
원래는 질병관리본부였지만
2020년 9월 12일부로
질병관리청으로 승격했어.

"무엇을 도와드릴까요?"

감염병이 의심된다면
1339
질병관리콜센터

정의

1339

KDCA

질병관리청이 있어서 든든해♥

나를 365일 24시간 만날 수 있는
콜센터가 있어. 바로 1339 콜센터이지.
주요 감염병에 대한 상담과 조치 사항에 대한
안내를 받을 수 있고, 해외여행 입·출국자에 대한 감염병,
필수 예방접종, 예방법 등에 대해서도 안내받을 수 있어.
또 질병관리청 업무에 관련한 민원 상담도
가능하단다. 질병에 대한 정보가 궁금하거나
감염병이 의심될 때 잊지 말고 1339에 전화해 봐.
해외에서는 +82-2-2633-1339로
전화하면 된단다.

역할

❶ 감염병으로부터 국민 보호 및 안전한 사회 구현

신종 감염병에 대비하여 24시간 긴급 상황실과 즉각 대응팀을 운영하고 격리 병상과 치료제 자원을 확보하며 역학조사 전문 인력 양성 및 훈련 등을 해 감염병별 맞춤형 대책을 지속적으로 추진한다.

❷ 효율적인 만성질환 관리로 국민 질병 부담 감소

만성질환 예방 관리를 위한 건강지표를 생산·분석하고, 건강 문제와 건강격차 원인을 규명하여 만성질환 예방 관리 정책을 추진한다. 또한 희귀질환 의료비 지원과 진단 및 상담 지원, 연구를 강화한다.

❸ 질병 위험에 대비한 보건 의료 연구 개발

국민들의 건강한 수명 연장을 위해 만성질환에 대한 연구를 강화하고, 보건 의료 연구 자원을 개방하고 공유한다. 또 4차 산업혁명에 대비해 첨단 의료 연구를 강화한다.

튜브가 제이지, 어피치를 초대했습니다.

너희 얼마 전에 질병관리본부가 질병관리청으로 승격해 *출범한 거 알고 있어?

 그럼~ 난 매일 뉴스를 챙겨봐서 알고있지.

 질병관리청? 뭐가 다른 건데?

튜브가 나잘나 박사를 초대했습니다.

박사님, 질병관리본부와 질병관리청이 뭐가 다른 건가요?

 조직, 인사, 예산을 독자적으로 운영할 수 있도록 중앙행정기관으로 독립하면서 감염병이나 질병에 대해 조금 더 신속하게 대처할 수 있게 되었어.

 # 질병관리청 · · ·

질병관리본부		질병관리청
보건복지부 소속	조직	중앙행정기관으로 독립
907명 (본부 259명, 소속 648명)	규모	1,476명 (본부 438명, 소속 1,038명)
별도 조직 없음	지역 체계	권역별 질병대응센터 신설
국립보건연구원 내 감염병 연구센터	감염병 R&D	국립감염병연구소로 확대 개편

질병관리청이 되면서 더욱 빠르고 정확하게 감염병 등에 대응할 수 있게 되었군요.

 감염병이나 질병이 유행했을 때 안전한 사회를 위해서 노력하시는 고마운 분들이 참 많은 것 같아.

국민의 건강을 위해 노력하는 질병관리청

 ☺ #

*출범 단체가 새로 조직되어 일을 시작함

⚡ 지구의 오염

땅이 갑자기 꺼진다고요?

초 3-2 지표의 변화 | 중2 재해·재난과 안전

SOS 찌린 가스 감지 (싱크홀)

박사님, 저기에 땅이 보여요.

어서 착륙하자.

푸슈슉

쿠궁

우아~

9구역은 꼭 미로 같네.

다다다다다

두리번

두리번

삐질 삐질

길이 엄청 복잡해.

뜨악

入口

出口

현재 카카오프렌즈 위치

주로 싱크홀은 석회암 지대에서 석회암이 물에 녹아 지반이 약해지면서 일어나. 또 지층 아래에서 흐르는 지하수가 빠져나가면서 빈 공간이 생기고 땅이 무너져서 싱크홀이 생긴단다.

싱크홀이 생기는 순서

1

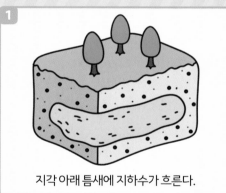

지각 아래 틈새에 지하수가 흐른다.

2

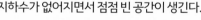

지하수가 없어지면서 점점 빈 공간이 생긴다.

4

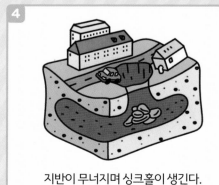

지반이 무너지며 싱크홀이 생긴다.

3

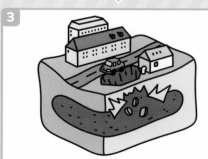

땅을 떠받치던 물이 사라지면서 공간의 천장이 무게를 견디지 못하고 점점 무너진다.

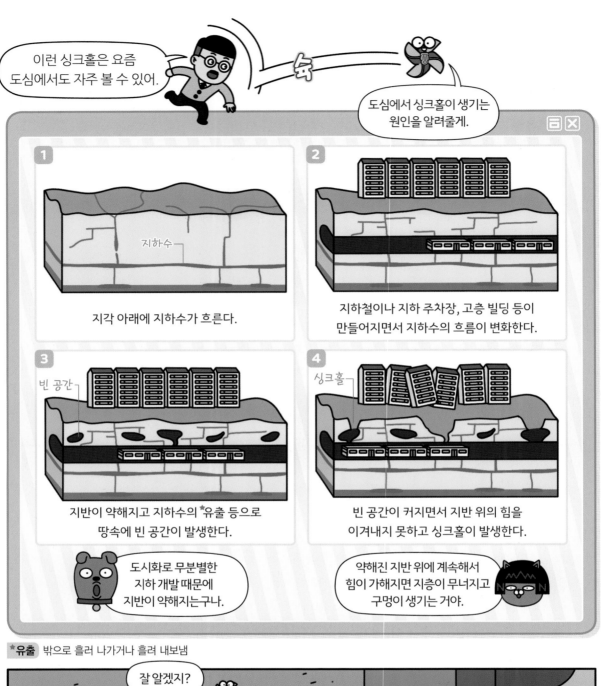

이런 싱크홀은 요즘 도심에서도 자주 볼 수 있어.

도심에서 싱크홀이 생기는 원인을 알려줄게.

1 지하수

지각 아래에 지하수가 흐른다.

2

지하철이나 지하 주차장, 고층 빌딩 등이 만들어지면서 지하수의 흐름이 변화한다.

3 빈 공간

지반이 약해지고 지하수의 *유출 등으로 땅속에 빈 공간이 발생한다.

4 싱크홀

빈 공간이 커지면서 지반 위의 힘을 이겨내지 못하고 싱크홀이 발생한다.

도시화로 무분별한 지하 개발 때문에 지반이 약해지는구나.

약해진 지반 위에 계속해서 힘이 가해지면 지층이 무너지고 구멍이 생기는 거야.

*유출 밖으로 흘러 나가거나 흘려 내보냄

잘 알겠지?

@%$#
^#$*&%

110

내가 정보를 줄게. 대장 찌린 가스는 미로 끝에 가면 만날 수 있을 거야.

오홍~

너희가 나를 구해줬으니까 나는 빨대G로 들어갈게.

슈우웅

손쉽게 찌린 가스 획득 성공!

야호

찌린 가스 획득

싱크홀

어서 미로 끝으로 가자.

후다닥

박사님, 벽에 왜 이렇게 금이 많이 가 있는 거죠?

금방 무너질 것 같아요.

지진과 마찬가지로 싱크홀도 발생 전에 *전조 현상이 몇 가지 있어.

*전조 현상 어떤 일의 징조로 나타나는 현상

알게 된 개념

싱크홀	땅속에 생긴 빈 공간 때문에 짧은 시간에 지반이 무너져 생기는 원형 구멍이다.

싱크홀이 생기는 순서
① 지각 아래 틈새에 지하수가 흐른다.
② 지하수가 없어지면서 점점 빈 공간이 생긴다.
③ 땅을 떠받치던 물이 사라지면서 공간의 천장이 무게를 견디지 못하고 무너진다.
④ 지반이 무너지며 싱크홀이 생긴다.

싱크홀의 전조 현상
① 땅이나 건물 벽에 금이 간다.
② 바닥에 움푹 들어간 곳이 생긴다.
③ 창문이나 방문이 삐걱거리고 잘 열리지 않는다.
④ 벽면의 못 등이 튀어나온다.

단층

지층이나 암석이 힘을 받아 끊어져서 상대적으로 이동하며 서로 어긋난 것을 말해. 단층은 작게는 몇 밀리미터(mm)에서 크게는 몇 킬로미터(km)까지 이동할 수 있어.

정단층

양쪽에서 잡아당기는 힘을 받아서 생기는 단층 모양으로 위에 있는 지반이 아래쪽으로 미끄러져 내려가며 생기는 단층이다.

역단층

양쪽에서 가운데로 미는 힘을 받아 생기는 단층 모양으로 위에 있는 지반이 상대적으로 위로 밀려 올라가며 생기는 단층이다.

주향 이동 단층

평행한 서로 다른 방향의 힘이 작용하며 지각이 수평으로 이동한 단층의 모양이다. 각 지층의 움직임에 따라 시계 방향 또는 반시계 방향으로 구분하기도 한다.

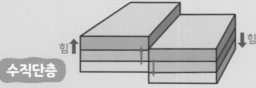

수직단층

위, 아래로 힘을 받아 지층이 단층선을 따라 수직으로 이동한 모양을 나타내는 단층이다.

오버트러스트

역단층의 종류 중 하나로 단층면의 경사가 10° 이하의 완만한 경사를 갖는 단층을 말한다.

습곡

평평한 지층이 양 옆에서 큰 압력을 받아 물결 모양의 형태로 변한 것을 말해. 습곡을 가능한 대칭적으로 나누는 축을 연결한 면을 축면이라고 부른단다. 습곡은 배사와 향사의 구조로 나뉘는데, 배사는 지층이 위로 볼록하게 솟아오른 구조이고, 향사는 움푹하게 들어간 부분을 말해.

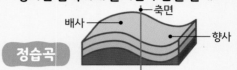

정습곡

축면이 수평면에 대해 수직이고, 축면을 기준으로 양쪽이 반대 방향으로 같은 기울기를 가지고 있는 습곡이다.

경사습곡

지층이 좌우에서 압력을 받을 때, 한쪽으로부터 상대적으로 강한 압력을 받아 습곡 축면이 기울어진 습곡이다. 축면 양쪽의 경사가 다르다.

등사습곡

지층이 좌우에서 강한 압력을 받아 축면과 축면 양쪽의 경사 방향이 같다.

횡와습곡

축면이 거의 수평에 가깝게 누워있는 습곡이다. 습곡 산맥에서 자주 볼 수 있다.

산에서 비슷한 모양을 본 적 있어.

114

꼬적 꼬적
프로도의 과학노트

지층이 만들어지는 과정 🍀

1 모래, 자갈, 진흙 등이 물에 의해 운반된다.

2 강 하류에 모래, 자갈, 진흙 등이 쌓이기 시작한다.

3 모래, 자갈, 진흙 등이 계속 쌓이며 먼저 쌓인 지층을 누른다.

4 오랜 시간이 지나 지층이 단단하게 굳는다.

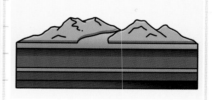

석회암 지역에서 싱크홀이 만들어지는 과정 🍀

싱크홀은 석회암과 같이 물에 잘 녹는 암석이 분포하는 지역에서 흔히 볼 수 있다.

1 약한 산성을 띠는 빗물이 지면 아래로 스며들어 지하수가 된다.

2 산성을 띠는 지하수에 석회암이 녹는다.

3 땅 아래에 구멍이 생기며 석회암 동굴이 만들어진다.

4 석회암 동굴이 점점 커지며 동굴 천장의 지층이 누르는 압력이 커진다.

5 압력을 이기지 못하고 천장이 무너지며 싱크홀이 생긴다.

땅속에서 일어나는 일

우리가 직접 가서 해류의 흐름을 관찰하면 좋겠지만 갈 수 없으니, 풍딱지에 카메라를 달고 촬영한 다음 영상으로 확인하자.

풍딱지 가랏!

위이잉~

지잉 지잉

그것을 알아보자

지구의 여행자, 바다

바닷물이 이동하는 방향과 속도가 정해져 있구나.

아하!

그런데 너희들 지구 전체에 이런 쓰레기 섬이 5개나 있다는 것 알고 있니?

지구에 거대 쓰레기 섬은 해류가 머무르는 곳에 5개 정도 있어. 그중, 북태평양에 있는 쓰레기 섬의 면적은 우리나라의 14배에 달할 정도로 넓단다.

우리나라의 14배 크기

유럽

아시아

북아메리카

쓰레기 섬 4
북대서양 환류

아프리카

쓰레기 섬 2
북태평양 환류

오세아니아

남아메리카

쓰레기 섬 1
인도양 ★환류

쓰레기 섬 3
남태평양 환류

쓰레기 섬 5
남대서양 환류

★환류 물 또는 공기의 흐름이 방향을 바꿔 되돌아 흐르는 현상

쓰레기 섬의 90%는 플라스틱이에요.

우리나라의 14배요?

바다에 쓰레기가 그렇게 많은지 몰랐어요.

깜짝

냄새가 계속 나.

켁!

켁~

어떻게 해야 바다 쓰레기를 줄이고 쓰레기 섬도 없앨 수 있나요?

우리가 일상생활 속에서 바다 쓰레기를 줄일 수 있는 방법이 있어.

찌린 가스가 매달려있네!
그래서 이렇게 무거운 거구나!

도망가기 전에
잡아야지.

물에 퉁퉁 불어서
못 알아봤어.

쓰레기 섬

잠시 후

너희 덕분에 바다가
많이 깨끗해졌어.

착한 카카오프렌즈♥

알게 된 개념

쓰레기 섬	해류의 흐름을 따라 떠다니던 쓰레기가 해류의 흐름이 없는 곳에서 더는 이동하지 못하고 한 곳에 모여 섬처럼 많은 양의 쓰레기가 쌓여 있는 것이다.
쓰레기 섬을 줄일 수 있는 방법	①바다에 갔다가 돌아올 때는 쓰레기를 모두 가지고 돌아오고 쓰레기가 보이면 조금씩 청소한다. ②오랜 시간 동안 분해되지 않는 비닐, 플라스틱은 사용량을 줄이고 분리수거와 재활용을 한다.

소개

나는 태평양에 있는 가장 큰 쓰레기 섬인 GPGP야.
Great Pacific Garbage Patch의 *약자이지.
나는 약 1조 8,000억 개의 플라스틱과 쓰레기로 형성되어 있어.
나의 크기는 대한민국 면적의 약 14배에 달하지.
생각보다 엄청 크지?

*약자 여러 글자로 된 말의 일부를 생략하여 간략하게 한 글자

발견

나는 찰스 무어(Charles Moore)라는 미국의 해양 환경운동가에 의해 발견되었어.

찰스 무어는 1997년 요트로 바다를 항해하던
중 지도에 나와 있지 않은 거대한 플라스틱
쓰레기가 섬처럼 쌓여 있는 것을 발견했어.
충격을 받은 찰스 무어가 해양 오염의 실상을
파헤치고 세상에 알리기 시작하면서
나의 존재를 많은 사람들이 알게 되었지.

가장 깨끗해야 할
바다 한 가운데에
쓰레기가 떠다니다니!

국가 인정

나는 지도 위에는 존재하지 않지만 하나의 국가로 인정받았어.
내가 정식 국가로 인정받으면 주변 국가가 나를 청소할 의무가 생기기 때문이거든.
어떻게 국가로 인정받았냐고? 내가 국가로 인정받을 수 있었던 4가지 조건을 알려줄게.

첫째 일정 수 이상의 인구
미국의 전 부통령인 엘 고어가 첫 번째 시민 자격을 얻었어.
현재는 몇몇 국가의 국민 수보다 더 많은 인구를 모았지.

둘째 명확한 영토 위치
나는 일본과 하와이 섬 사이라는 명확한 위치를 가지고 있어.

셋째 정부 형성
유명 배우인 주디 덴치가 여왕, 프로 레슬러 존 시나가
국방부 장관을 맡아 정부를 형성하고 있어.

넷째 다른 국가들과 관계를 맺을 수 있는 능력
라드 바이블이 온라인, 오프라인 네트워크를 통해 나를 국가로 인정해
달라는 청원을 진행하면서 다른 국가들과의 관계를 맺고 있어.

쓰레기 섬은
우리 모두가 해결해야
할 문제야.

나도 오늘부터
쓰레기를 줄일 거야.

라이언의 과학노트

쓰레기 섬 🍀

- 플라스틱 병이 그려져 있는 국기를 제작하였다.
- 쓰레기를 재활용하여 여권을 만들고 우표를 만드는 등 '바다는 우리를 필요로 한다(The Ocean Needs Us)'를 슬로건으로 한 다양한 캠페인을 벌이고 있다.
- '쓰레기'라는 뜻을 가진 'Debris'를 화폐의 단위로 하여 쓰레기로 고통받는 바다 생물의 그림을 넣은 화폐를 만들었다.

여권

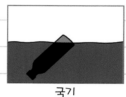
국기

바다에 버려지는 쓰레기

- 전 세계 바다에 버려지는 쓰레기 중 플라스틱이 전체의 55%를 차지할 만큼 플라스틱 쓰레기가 차지하는 비율이 높다.
- 플라스틱은 바다에 떠서 먹이로 여겨져 바다 생물들의 목숨을 끊임없이 앗아가고 있다. 실제 주검으로 발견된 바다 생물들의 몸속을 살펴보면 비닐과 플라스틱이 대거 발견되는 경우가 많다고 한다.

  바닷속에서 바라보는 비닐과 플라스틱은 마치 해파리나 해초 같아 보이고, 무게가 가벼워 잘 가라앉지 않아 바다 생물들의 눈에 더욱 잘 띄기 때문이다.

기타
스타이로폼
플라스틱
55.6%

쓰레기 다이어트, 이제는 필수!

휑~

으스스

아무도 없잖아?
귀신인가?

후덜덜

다다다다

무서워!

깜짝

제이지,
가방 언제 샀어?

멋진데?

깜짝

이게 뭐야??

야!

놀라지 마

나는 거북이야.
너희가 보트를 타고 쓰레기 섬을
청소할 때 따라왔어.

휙~

9구역 | 지구의 오염

미션 요원 콘

목표 찌린 가스 플라스틱

특히 우리나라 바다를 떠다니는 쓰레기 중 플라스틱과 스타이로폼 등이 90% 이상을 차지하고 있어.

플라스틱이 완전히 분해되는 데 500년 이상의 시간이 걸린다고요?

박사님 주머니에는 정말 없는 게 없네.

좌라락

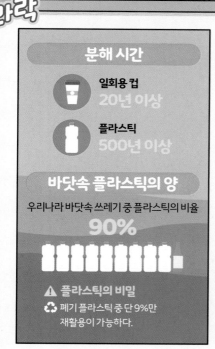

분해 시간

일회용 컵
20년 이상

플라스틱
500년 이상

바닷속 플라스틱의 양

우리나라 바닷속 쓰레기 중 플라스틱의 비율

90%

⚠ 플라스틱의 비밀
♻ 폐기 플라스틱 중 단 9%만 재활용이 가능하다.

플라스틱의 문제점

사용량이 많은데 반해 거의 썩지 않아 분해되지 않는다.

바다에 버려진 플라스틱은 파도에 부딪히며 쪼개져 조각이 되면서 지름이 5mm 이하인 미세 플라스틱으로 변해. 미세 플라스틱은 우리가 먹이인 줄 알고 먹는 경우가 많아.

먹이인가?

뻐끔
뻐끔

플라스틱 쓰레기가 우리에게 미치는 영향

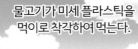

물고기가 미세 플라스틱을 먹이로 착각하여 먹는다.

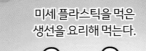

미세 플라스틱을 먹은 생선을 요리해 먹는다.

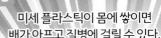

미세 플라스틱이 몸에 쌓이면 배가 아프고 질병에 걸릴 수 있다.

대장 찌린 가스다!!

헉!

크하하

날 용케 찾아왔군.

합체했어!!

꿀렁

꿀렁

으하하하

너희가 무심코
쓰고 버리는
플라스틱이 나를 더욱
강력하게 만들지.

플라스틱을 만들 때
지구 온난화를 유발하는
가스가 나오거든.

받아라!

얍!

어림없지.

팅!

후아
후아

너 먼저 잡자.

윽

지이잉

플라스틱

찌린 가스 뿌듀

도망갈래.

뿌

거기 서!

얘들아, 내 친구의
코에도 빨대가 박혀버렸어.
너희가 도와주겠니?

빨대가 또 박혔다고?

깜짝

영차

영차

아야

알게 된 개념	
플라스틱	우리가 가장 많이 사용하고 버리는 쓰레기 중 하나로 바다를 떠다니는 쓰레기의 대부분을 차지한다. 플라스틱 쓰레기 중 약 9%만 재활용이 가능하고 분해되기까지 500년 이상의 시간이 걸려 해양 생물들의 생명을 위협한다.
플라스틱 쓰레기가 미치는 영향	① 물고기가 미세 플라스틱을 먹이로 착각하여 잡아먹는다. ② 미세 플라스틱을 먹은 생선을 요리해 먹는다. ③ 미세 플라스틱이 몸에 쌓이면 배가 아프고 질병에 걸릴 수 있다.

출발

도착

바다의 날은 말이야

바다에 대한 중요성을 높이고자 지정한 기념일이야

정의

바다의 날은 매년 5월 31일로 바다의 중요성을 생각하며 기념하고, 해양 산업 발전에 큰 공을 세운 분들에게 훈장을 수여하고 *자긍심을 북돋기 위해 제정된 법정 기념일이야. 바다의 날에는 우리나라 전국 곳곳에서는 바다의 소중함을 생각해보기 위한 다양한 행사가 열린단다.

*자긍심 스스로에게 당당함을 느끼는 마음

왜 바다의 날은 5월 31일로 정해진 걸까? 통일 신라 시대에 당에 살고 있던 장보고는 당의 해적들이 신라인들을 마구 잡아 노예로 팔고 있는 안타까운 현실을 보게 되었어. 그래서 신라로 돌아온 후 흥덕왕에게 당 해적들을 물리치기 위한 군사기지로 청해진을 설치하도록 건의하여 해적을 소탕하였단다. 이를 바탕으로 청해진이 있던 완도는 현재 해상무역의 기지가 되었어. 이 업적을 기리기 위해 청해진을 설치한 5월에 바다의 날을 제정하게 된 거야.

유래

완도에는 장보고 기념관이 있대.

중요한 이유

해양 과학 기술

조력, 조류, 온도차 등 바다를 이용한 발전은 공해 없이 무제한으로 에너지를 사용할 수 있어. 해양 과학 기술은 우리의 삶을 더 풍요롭게 해주지.

바다는 우리에게 아주 중요해.

수출입

우리나라 수출입의 99%가 바다를 통해서 이루어져.

수산 자원

다양한 수산 자원을 생산해 우리에게 안전한 먹거리를 공급해주고 있어.

외국의 바다의 날

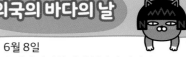

세계	6월 8일 유엔이 지정한 세계 해양의 날이야.
일본	7월 셋째 주 월요일 유일하게 바다의 날을 공휴일로 지정했어.
미국	5월 22일 증기선이 최초로 대서양 횡단을 시작한 것을 기념하기 위해 지정했어.
중국	7월 11일 황제의 명을 받은 정화의 첫 번째 항해를 기념하기 위해 지정했어.
유럽	5월 20일 유럽 국가들은 매년 돌아가면서 해양 행사를 개최해.

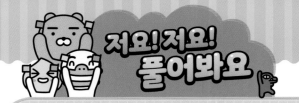

1 싱크홀이 생기기 전 전조 현상에 대해 틀리게 설명한 카카오프렌즈는 누구일까요?

정답
스티커

건물 벽에 금이 가 있어.

벽면의 못이 튀어나왔어.

갑자기 도로의 차가 막히기 시작했어.

창문이 삐걱거리고 잘 열리지 않아.

2 단층에 대해 틀리게 설명한 카카오프렌즈는 누구일까요??

정답
스티커

정단층은 양쪽에서 미는 힘을 받아서 생긴 단층이야.

지층이나 암석이 힘을 받아 끊어진 것을 단층이라고 해.

단층은 모양에 따라 역단층, 정단층 등이 있어.

오버러스트는 역단층의 종류 중 하나야.

3 다음 용어의 뜻을 바르게 연결해 보세요.

ㅣ	해류	•	•	ㄱ	바닷물의 흐름
ㄹ	한류	•	•	ㄴ	주위보다 온도가 낮은 해류
ㅌ	난류	•	•	ㄷ	주위보다 온도가 높은 해류

4 모기처럼 완전 탈바꿈을 하는 곤충의 한살이 순서를 이어 길을 찾아보세요.

5 다음 ①~④에 해당하는 용어를 모두 찾아 ◯표 해보세요.

① 지층이 양 옆에서 큰 압력을 받아 물결 모양의 형태로 변한 것

② 바다에 버려지는 쓰레기 중 가장 큰 비율을 차지하는 쓰레기 종류

③ 장보고가 당나라의 해적들을 물리치기 위해 군사기지로 설치한 곳으로 오늘날 완도 지역

④ 붉은 색의 납작한 원반 모양의 세포로 혈관을 타고 다니며 우리 몸의 조직에 산소를 공급하는 세포

플	적	습	관
라	혈	기	곡
스	구	회	성
틱	청	해	진

저요! 저요! 맞춰봐요

궁금증을 해결했는지 한번 확인해 볼까?

정답

① 네오

② 튜브

③ ① ─── ㄱ
　 ② ─── ㄴ
　 ③ ─── ㄷ

④ ① → ⑤ → ⑥ → ⑨

⑤ ① 습곡
　 ② 플라스틱
　 ③ 청해진
　 ④ 적혈구

잘 잤다~

찌린 가스?

야함~

쟨 누구야?

헉!

졸려~

제 친구들은 다 어디로 간 거죠? 저는 계속 잠을 자고 있었어요.

착한 찌린 가스예요

정말 착한 찌린 가스가 맞나?

검사해보자.

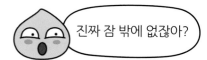

진짜 잠 밖에 없잖아?

옆엔 박사님 노트북이 있네. 폴더가 엄청 많아.

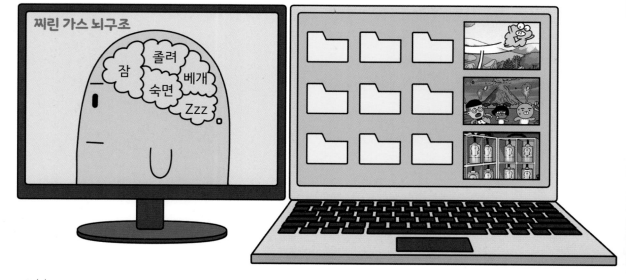

찌린 가스 뇌구조

잠 졸려 숙면 베개 Zzz

끝이 아니라고 했죠?

3권에서 내가 몇 번 나왔는지 정답을 알려줄게.

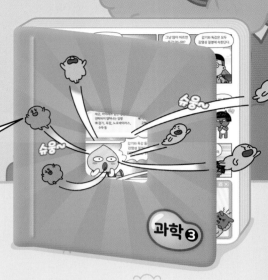

과학 ❸

1구역 (10~40쪽까지)

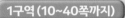

총 30번

2구역 (41~66쪽까지)

총 16번

3구역 (67~86쪽까지)

총 13번

4구역 (87~116쪽까지)

총 22번

5구역 (117~149쪽까지)

총 77번

 나는 총 158번 나왔어!

과학 교과서를 통째로 넣은
교과 연계 만화
구해줘
카카오프렌즈

초판 1쇄 인쇄 2020년 12월 7일
초판 1쇄 발행 2020년 12월 21일

글 | 장성규(장풍)
그림 | 도니패밀리
내용 검토 | 장풍 과학연구소 백시우, 유혜인, 정영아
스토리 | 강민희
감수 | 김지연(서울 초당초등학교)
디자인 | 김서하

발행인 | 손은진
개발 책임 | 손승덕
개발 | 김보영, 심다혜, 민고은, 이윤지
제작 | 이성재, 장병미

발행처 | 메가스터디㈜
출판사 신고 번호 | 제 2015-000159호
주소 | 서울시 서초구 효령로 304(서초동) 국제전자센터 24층
대표전화 | 1661-5431
홈페이지 | http://www.megastudybooks.com

메가스터디BOOKS
'메가스터디북스'는 메가스터디㈜의 출판 전문 브랜드입니다.
유아/초등 학습서, 중고등 수능/내신 참고서는 물론,
지식, 교양, 인문 분야에서 다양한 도서를 출간하고 있습니다.

잘못된 책은 구입하신 곳에서 바꾸어 드립니다.